Lizenzausgabe als Ravensburger Taschenbuch Band 8373

Titel der Originalausgabe: Promenons-nous dans les bois

Fachliche Beratung:
Wolfgang Funke
Biologe

Übersetzt von Sibylle Schneider
Herausgeber:
Barbara Veit und Christine Wolfrum

92 93 94 95 96 5 4 3 2 1

Printed in Italy by Soc. Editoriale Libraria
ISBN 3-473-38373-2

Spaziergang im Wald

Text von Dorine Barbey
Illustrationen von Jean-Marie Poissenot

Marlene

DIE WELT ENTDECKEN

Gehst du gern im Wald spazieren?

Liebst du dichte, hohe Bäume, durch die kaum ein Sonnenstrahl dringt? Die Stille, in der nur deine Schritte zu hören sind? Sicher ist dir dabei auch ein bißchen unheimlich zumute. In vielen Märchen ist der Wald dunkel und geheimnisvoll. Es ist nicht recht geheuer dort. Hausen da nicht Wölfe, Feen, Kobolde oder gar Menschenfresser? Und wie leicht kann man sich im Wald verirren!

Einst gab es in Europa riesige Wälder. Hier fanden die Menschen vieles, was sie zum Leben brauchten: Brenn- und Bauholz und Nahrung. Heute aber sind die Wälder bedroht. Immer mehr Bäume werden krank und sterben. Schuld daran sind wir Menschen. Höchste Zeit, daß wir den Wald schützen!

Einst wuchsen in den Wäldern riesige Bäume – die Urahnen der Tannen.

Die Bäume der Mischwälder, wie Eichen, Buchen und Eschen, verlieren im Herbst ihre Blätter.

Die Bäume der heißen und trockenen Mittelmeerländer werfen ihre harten, kleinen Blätter im Winter nicht ab.

Diese Drossel ist in der Sibirischen Taiga zu Hause. Nirgends auf der Welt gibt es größere Nadelwälder als hier, wo Braunbären und Elche leben.

Am Äquator wächst der üppige, fast undurchdringliche tropische Regenwald. Dort gibt es riesige Bäume, unzählige Tiere und Pflanzen.

Wälder können sehr verschieden sein!

Welche Bäume wo wachsen, hängt vom Klima ab. Regnet es viel und ist es dabei warm wie im tropischen Regenwald, wachsen Bäume üppig. Im Gebirge aber ist der Boden eher karg, und es weht ein kalter Wind. Dort sind die Bäume knorriger und kleiner. In Kalifornien wachsen die größten Bäume der Welt. Diese Mammutbäume sind über 40 Meter hoch. Die Bambuswälder des chinesischen Berglandes sind die Heimat des äußerst seltenen Großen Pandas. In den hohen Eukalyptuswäldern Australiens leben die Koalas, die ausschließlich Eukalyptusblätter fressen.

Wie entsteht ein Eichenwald?

Eine einzige Eiche bringt Tausende von Früchten hervor – die Eicheln. Jede kleine Eichel enthält alles, daß ein neuer Baum aus ihr entstehen kann. Auf dem Waldboden keimt zunächst aus der Frucht ein winziger Trieb, eine Mini-Eiche. Allerdings schaffen es nur wenige Pflänzchen, große, starke Bäume zu werden. Es gibt nicht genug Platz, Licht und Wasser für alle.

Die schwächsten Bäumchen gehen ein. Damit die anderen genug Licht bekommen, lichtet der Förster die Eichenwälder aus. Er kümmert sich auch darum, daß der Wald Nutzholz liefert.

Die kleinen Eichen-Sämlinge hier sind zwei Jahre alt und ungefähr zehn Zentimeter hoch. Noch sind sie sehr empfindlich.

Mit zehn Jahren sind die Eichen zwischen einem und drei Meter groß. Jetzt bilden sie schon einen dichten Wald.

Die Eichen hier sind ungefähr 50 Jahre alt.

Jetzt sind die Eichen ausgewachsen. Sie sind 100 bis 200 Jahre alt.

Unsere Wälder werden in **Schonungen** angepflanzt. So sind die Bäume oft alle gleich groß, gerade gewachsen und stehen in Reihen. **Einen solchen Wald nennt man Hochwald.** Das Holz dieser Bäume wird zum Beispiel zum Möbelbau verwendet. **In einem Niederwald** dagegen fällt man Bäume regelmäßig, um Brennholz zu gewinnen. Hier gibt es nur wenige große, alte Bäume. Die jungen Bäume wachsen aus den Stümpfen der gefällten Bäume nach.

Im Unterholz versteckt leben viele Tiere wie zum Beispiel dieser Fuchs.

Auf dem Waldboden gibt es vieles zu entdecken. Du findest dort Laub, Reisig, Moos, Pilze, Eicheln und Blumen wie das Maiglöckchen oder die Glockenblume. Viele kleine Tiere leben hier: Spinnen, Tausendfüßler und die geschützte Rote Waldameise… Im Boden unter der Laub- und Nadelschicht leben Kleinstlebewesen und winzige Pilze. Sie zersetzen abgestorbene Pflanzen und tote Tiere und verwandeln sie in schwarze, nährstoffreiche Erde – den Humus.

Regenwürmer belüften den Boden, das heißt, sie lockern ihn. All die Tiere hier – Waldmaus, Feuersalamander, Siebenschläfer und Fasan – sind mit ihrem Haar- und Federkleid gut an die Umgebung angepaßt: Inmitten von Laub, Farn und Waldblumen kann man sie kaum erkennen. Hast du beim Waldspaziergang je einen Dachsbau gesehen oder ein Mauseloch? Hast du schon mal einen Ameisenhügel entdeckt oder vielleicht die Spuren von Wildschweinen gesehen?

Rotkehlchen und Nachtigall nisten unter dichtem Gebüsch auf der Erde.

Im Schatten großer Bäume gedeihen allerlei Sträucher und Büsche. **Sie bilden das Unterholz.** Die Beeren des Weißdorns sehen wie kleine, rote Hagebutten aus. Sie sind die Leib- und Magenspeise von Amseln und Drosseln. Und du, hast nicht schon mal im Wald Schlehen und Haselnüsse gesammelt? Am Waldrand oder in Waldlichtungen ist das Unterholz besonders dicht. Hier wachsen die Büsche besser, weil sie mehr Licht bekommen. Geradezu undurchdringlich wird das Unterholz dann, wenn Farne und Brombeerranken alles überwuchern. Im Frühling wirst du die ersten grünen Blättchen im Unterholz entdecken. Die großen Bäume entfalten ihre Blätter später. Wie sonst könnte das Licht zu dem niedrigen Gebüsch durchdringen?

◀ Im Weißdornstrauch gurrt eine Turteltaube. Ganz vorn im Bild siehst du einen wunderschönen Schmetterling – den Segelfalter.

Die Haselmaus baut sich ihr kugelförmiges Nest aus Pflanzen in einer Astgabel.

Kennst du die Tiere auf diesem Bild: Kleiber, Eichhörnchen, Buntspecht, Luchs, Fuchs und Rehe?

Im Morgengrauen wird es in den großen Bäumen lebendig.

Verhalte dich ganz still und spitze die Ohren. Der Specht trommelt mit seinem harten Schnabel auf die Baumstämme, um Insektenlarven aufzuspüren. Jetzt kannst du auch das Klopfen des Kleibers hören, der kopfüber die Bäume hinunterläuft. Und dann lausche dem perlenden Gesang des Rotkehlchens. All diese Vögel sind Insektenfresser.
Ganz anders der Fuchs: Er stellt Mäusen, Vögeln und Hasen nach. Der Marder jagt Eichhörnchen. Der Luchs ist ebenso wie Marder und Fuchs ein Fleischfresser.
Hirsche und Rehe ernähren sich von Pflanzentrieben – sie sind Pflanzenfresser.
Werden es zu viele Tiere, schaden sie dem Wald.
Doch sonst hat jedes Tier einen sinnvollen Platz in diesem Lebensraum.

Mit seinem langen, fein gebogenen Schnabel stochert der Wiedehopf in alten Bäumen nach Fliegenmaden, Schmetterlingspuppen und Raupen.

Vorne auf dem Ast siehst du einen Hirschkäfer mit seinem „Geweih“, weiter hinten Marder, Fledermäuse, Uhu, Wildschwein, Hirsch und Rehe, Hase, Fuchs, Waldmaus und Dachs.

Nachts ist der Wald finster und ein bißchen unheimlich.

Wenn es dunkel wird, verlassen viele Tiere ihr Versteck: Die Hasen hoppeln aus dem Unterholz auf die Lichtung. Dachs, Marder und Fuchs stellen ihnen nach. Der Hirsch sucht sich ein Revier, wo er sich im Herbst mit seinen Weibchen paaren wird. Dann kannst du im Wald seinen rauhen Brunftschrei hören – er röhrt. Das Wildschwein gehört ebenfalls zu den Nachttieren. Auf der Suche nach Nahrung wie Wurzeln, aber auch Würmern, müssen Wildschweine oft große Strecken zurücklegen. Die Greifvögel der Nacht wie Waldohreule, Schleiereule oder Waldkauz jagen in lautlosem Flug Mäuse, Ratten und Maulwürfe. Der Igel sucht geräuschvoll im Laub nach Schnecken, Käfern und Würmern.

Mit ihrem hell- bis dunkelbraun gefleckten Gefieder ist die Waldschnepfe in Laub und Gras gut getarnt.

Mit Hilfe von Sonnenstrahlen, Wasser und Kohlendioxid können Blätter den lebensnotwendigen Sauerstoff herstellen.

Der Wald arbeitet Tag und Nacht.

Über die Blätter verdunsten Bäume Wasser, das als feiner Dampf in die Luft aufsteigt und schließlich als Regen wieder auf die Erde fällt. Der Wald kann ohne diesen Regen nicht leben, denn jeder Baum braucht Wasser. Die Wurzeln nehmen es mit den Nährstoffen im Boden auf. Pflanzen und Tiere bilden eine enge Lebensgemeinschaft, wobei alle voneinander abhängig sind. Eine solche Lebensgemeinschaft nennt man auch Ökosystem.

Blätter werden zu Humus, dem die Wurzeln der Bäume Halt geben. So bildet der Wald mit der Zeit eine fruchtbare Erdschicht.

Der Wald ist reich an Schätzen.

Sicher macht es dir Spaß, im Wald ein Picknick zu veranstalten, Pilze zu sammeln oder Heidelbeeren, Walderdbeeren, Himbeeren oder Brombeeren zu essen. Aber Vorsicht: Es gibt giftige Beeren und Pilze! Doch im Wald wachsen zum Beispiel auch Heilpflanzen.

Bäume liefern uns Bau- und Brennholz. Was besteht nicht alles aus Holz! Dachstühle, Fußböden, Möbel… Aus Eichenrinde gewinnt man auch Tannin – einen Stoff, der zum Färben der Baumwolle und als Medizin verwendet wird. Und vor allem: Holz wird zu Papier!

Dieser Köhler schichtet im Kohlenmeiler Holzstücke ganz dicht aufeinander und zündet sie an. Langsam verglimmen sie zu Holzkohle.

Eßkastanien

Haselnüsse

Heidelbeeren

Heutzutage arbeiten Holzfäller mit einer Motorsäge. Sie schneiden die Äste in lange Rundhölzer.

Der Förster bewirtschaftet den Wald: Er pflanzt, holzt aus und bekämpft Schädlinge.

Aus Kiefern wird Harz gewonnen: Dabei schlägt man in die Rinde eine Kerbe, und Harz kann in den Eimer unterhalb der Kerbe fließen.

Die Rinde der Korkeichen, die in den Mittelmeerländern wachsen, wird alle 10 Jahre geschält. Aus den großen Korkplatten stellt man Korken, Bodenbeläge und sogar Bojen her.

Einst schlugen **Holzfäller** die Bäume mit der Axt und luden sie auf Fuhrwerke, die von Ochsen oder Pferden gezogen wurden. Heute werden die Stämme, das sogenannte Langholz, von Traktoren mit Kränen ins Sägewerk transportiert.
Der **Förster** pflegt, hegt und schützt den Wald. Er pflanzt neue Bäume und forstet die alten aus. Außerdem kümmert er sich um die Tiere und füttert sie zum Beispiel im Winter.

Früher wurde in den Bergen das Holz mit Schlitten ins Tal gefahren. Heute macht man es sich einfacher: Mit der Seilbahn oder gar dem Hubschrauber wird das Holz zu Tal geschafft.

Der Wald ist eine wertvolle und zugleich sehr gefährdete Lebensgemeinschaft.
Viel Wald wurde bereits abgeholzt, um Platz für Städte, Dörfer und Straßen zu schaffen. Am meisten setzt ihm aber die

schlechte Luft zu. Autos und Industrie verschmutzen sie. Viele unserer Wälder sind bereits schwer krank. Schuld daran sind wir Menschen.

Vor allem in den Mittelmeerländern vernichten Waldbrände jedes Jahr Tausende von Hektar Waldfläche. Das Feuer breitet sich in Windeseile aus. Die trockenen Nadelhölzer brennen wie Zunder.

Um die Ausbreitung des Feuers zu bekämpfen, schlägt man Brandschneisen in den Wald. So gelangen nur bei ungünstigem Wind Funken über die baumlosen Einschnitte.

Von Wachtürmen aus wird das gefährdete Gebiet überwacht. Nach einem heftigen Brand dauert es viele Jahre, bis der Wald wieder aufgeforstet ist. Am schnellsten wachsen die Nadelbäume.

Waldbewohner. Die Yanomami, ein Indianerstamm, sind im Amazonas-Regenwald zu Hause. Ihre großen Hütten, in denen sie alle zusammenleben, errichten sie immer in der Nähe von Wasser.

Die **Pygmäen** leben seit mehr als 8000 Jahren im afrikanischen Regenwald. Es sind kleine Menschen. Männer werden nicht ganz 150 cm groß. Ihre Kleidung stellten sie früher aus Baumbast her. Die Männer jagen mit Lanze, Pfeil, Bogen und langen Fangnetzen wilde Schweine, Antilopen und sogar Elefanten. Die Frauen bauen aus biegsamen Stangen Rundhütten. Als „Zeltplanen" dienen große Blätter.

Die Akha, ein Bergstamm im Norden Thailands, errichten ihre Dörfer mitten im Wald. Um dort Reis und Gemüse anzubauen, brennen sie den Wald nieder. Man nennt das Brandrodung.

Bau dir im Wald dein eigenes Haus!

Dazu brauchst du nicht viel: ein paar lange Stangen, feste Schnur oder Seile.

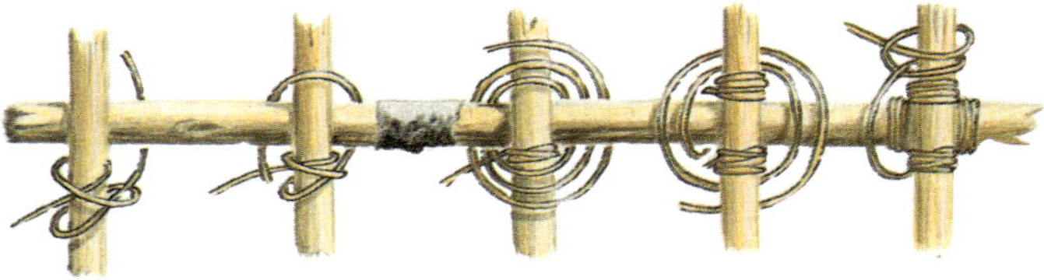

Wichtig ist der Platz: Deine Hütte mußt du geschickt zwischen zwei nah beieinanderstehende Bäume einpassen. Als erstes befestigst du in etwa eineinhalb Meter Höhe zwischen den beiden Bäumen eine Querstange.

Dann lehnst du die übrigen Stangen schräg gegen die oberste und befestigst sie mit der Schnur, und zwar so, wie du es hier auf dem Bild siehst. Rundherum hängst du alte

Vorhänge auf – und fertig ist dein Waldhaus!

Ein Männlein steht im Walde
ganz still und stumm.
Es hat von lauter Purpur
ein Mäntlein um.
Sagt, wer mag das Männlein sein,
Das da steht im Wald allein
Mit dem purpurroten Mäntelein?

Das Männlein steht im Walde
auf einem Bein
Und hat auf seinem Haupte
schwarz Käpplein klein.
Sagt, wer mag das Männlein sein,
Das da steht im Wald allein
Mit dem kleinen, schwarzen
Käppelein

Kinderlied (Volksgut)

Die Welt entdecken

In dieser Reihe sind bisher erschienen:

Band 1: Wie leben die Tiere im Winter?
Band 2: Keine Angst vor Krokodilen
Band 3: Sahara – Leben in der Wüste
Band 4: Eskimos – Leben im ewigen Eis
Band 5: Wo die Schokolade wächst
Band 6: Warum trinken alle Kinder Milch?
Band 7: Kartoffeln wachsen nicht im Keller
Band 8: Die Geschichte vom Papier
Band 10: Leben auf den Sonneninseln
Band 11: Glas – Das durchsichtige Geheimnis
Band 12: Reis – Ein kleines Korn ernährt die Welt
Band 13: Stolze Burgen, edle Ritter
Band 15: Geheimnisvolle Insektenstaaten
Band 16: Wind und Wetter
Band 17: Unser täglich Brot
Band 19: Auf der Spur der Indianer
Band 22: Feuerwehren im Einsatz
Band 25: Die Sonne – Quelle unseres Lebens
Band 26: Wale – Die letzten Riesen der Meere
Band 27: Nach Westen! – Cowboys, Trapper, Pioniere
Band 28: Indien – Land voller Geheimnisse
Band 29: Wie lebten die Römer?